BÄUME
Sinnbilder des Lebens

John Erpenbeck

BÄUME

Sinnbilder des Lebens

Zeichnungen
von Günter Horn

steffen verlag

Baum und Bild

Das hier ist ein Baum.
Weitverzweigt und verästelt.
Oder ein Bild nur?

Bild und Baum zugleich.
Der Blick schweift ab wie im Wald.
Unnahbar freundlich.

Maler und Modell.
Picknick aus Licht und aus Luft.
Du bist eingeladen …

Liebe der Bäume
– eins –

Ast zu Ast zu Zweig,
Blatt zu Blatt. Gemeinsam
Licht gesaugt. Allein

lebt und stirbt das Blatt,
damit die Bäume leben
nah und in Liebe.

Blütenbesiegelt
ist die Liebe der Bäume
durch Jahrhunderte.

« Rubinien »

vielen Dank für Ihr Interesse an unseren Publikationen. Wenn Sie diese Karte ausgefüllt an uns zurücksenden (siehe Rückseite), erhalten Sie kostenlos unseren aktuellen Kundenprospekt sowie unseren Newsletter mit Neuigkeiten, Verlosungen u.v.m.
Sie können diese Karte auch im Internet ausfüllen unter www.steffen-verlag.de/leserkarte.

Diese Karte habe ich folgendem Buch entnommen: ....

Wo haben Sie das Buch gekauft/wurden Sie auf das Buch aufmerksam? ....

Ich interessiere mich für folgende Themen:

- ○ Belletristik
- ○ Literarische Geschenkbücher
- ○ Ratgeber
- ○ Bewusster leben
- ○ Hans Fallada
- ○ Sachbuch & Biografie
- ○ Naturbücher
- ○ Geschichte zur Region
- ○ Bildbände
- ○ Humor-Geschenkbücher
- ○ ....

✻ Unter allen Einsendern eines Monats verlosen wir ein Buch aus unserem Programm, das Ihren Interessen entspricht. (Der Rechtsweg ist ausgeschlossen. Ab 18 Jahre.)

www.steffen-verlag.de

[○] [f]

Name, Vorname

Straße

PLZ, Ort

Alter Beruf

Bitte senden Sie mir kostenlos zu:
- **Kundenprospekt**　　○ **Newsletter**
  ○ gedruckt　　　　　　　(8 x im Jahr)
  ○ per E-Mail

E-Mail-Adresse

Sämtliche Angaben werden vertraulich behandelt und nicht an Dritte weitergegeben.

Antwort

Steffen Verlag GmbH
Berliner Allee 38
13088 Berlin

Bitte
ausreichend
frankieren

07/18

Liebe der Bäume
– zwei –

Gedanken knorrig.
Gefühle licht und strahlend.
Antennenzweige,

sie senden Liebe
und sie empfangen Liebe.
Streicheln einander.

Es trennt sie kein Sturm,
sie kommen sanft zusammen
letztlich und lange.

Liebe der Bäume
– drei –

Körper an Körper,
Stamm an Stamm. Stütze und Stab.
Liebe inmitten.

Dauernde Liebe.
Das ist so und bleibt stehen
in der Umarmung.

Bis der Verrotter
Rinde und Zweige zerfrisst.
Doch als Denkmal bleibts.

Liebe der Bäume
– vier –

Wie Zwillinge fast.
Ewig nebeneinander.
Ein seltsames Paar.

Einander das Maß,
großgeworden im Gleichmaß,
maßhaltend maßvoll.

Stieße einer nicht
dem andern den Zweig ins Herz
und einen ins Loch.

Liebe der Bäume
– fünf –

Gestützt durchs Leben.
Lebenslang innig umarmt.
Einer trägt die Last

des andern und gern.
Ist kraftvoll, gesund und stark.
Aufrechte Liebe

kann nicht vergehen,
außer das Alter fällt beide.
Oder der Förster.

Sprache der Bäume
– eins –

Kaum auszudenken
diese verästelte Wirrnis.
Schrift, geheimnisvoll

unentzifferbar
in den Himmel geschrieben.
Suren der Dankbarkeit.

Lobpreis des höchsten,
des allernährenden Lichts.
Dank für das Leben.

Sprache der Bäume
– zwei –

Runen. Fraktale,
in den Himmel geschrieben.
Raum und baumfüllend.

Selbstähnlich immer:
Aus jedem Zweig sprosst ein Zweig
sprosst ein Zweig und so

ins Unendliche fort.
Der Baum des Pythagoras.
Der Mandelbrotbaum.

„Apfelbaum"

Sprache der Bäume
– drei –

Wanderer, zu Dir
spreche ich, deutlich und laut.
Winddurchbraust, offen

von Macht und Stärke.
Vom Überlebenswillen.
Vom Willen zur Macht.

Die Willensschule,
nimm sie an. Genieße sie.
Nimm Dir ein Beispiel.

Sprache der Bäume
– vier –

Des Helden Walstatt.
Gekrümmt zu seinen Füßen
der Feinde Gezücht.

Er hat gelitten.
Der aufrechte Gang zerstört
von Widersachern …

Immer noch aufrecht
steht er. Ganz frei und erlöst.
Weltflucht. Vollendung.

Sprache der Bäume
– fünf –

Spätschizophrenie.
Wer bin ich und wie viele?
Ein Stamm, drei Stämme.

Selbstgespräch zu dritt.
Ich bin klar der Kräftigste.
Ich der Schlankeste.

Der Selbständigste
ich, der wichtigste also.
Uneins gemeinsam.

Verletzungen der Bäume
– eins –

Letztlich aufgespannt
zwischen Wasser und Himmel.
Beides genießend,

den Trank und das Licht.
Zwischen Fäulnis und Durst. Von
beidem viel zu viel.

Auch Gutes verletzt.
Übermaß führt zu Fäulnis.
Doch Faulheit ist schön.

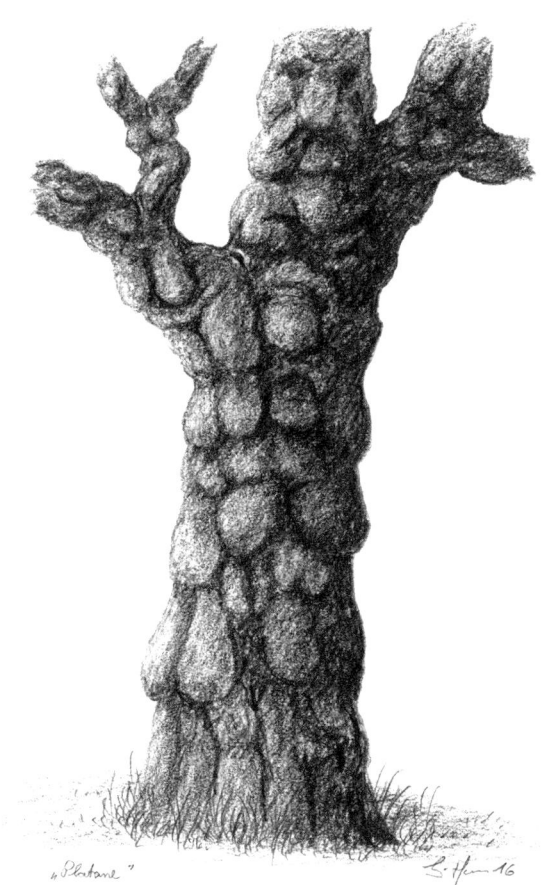

Verletzungen der Bäume
– zwei –

Hilflos gepanzert
und von trauriger Gestalt.
So unnatürlich

erscheint die Natur
manchmal. Erscheint fast menschlich.
Metamorphosen.

Des Menschen Dummheit
wird in den Verletzungen
zerrbildlich sichtbar.

Verletzungen der Bäume
– drei –

Umgebrochen fast.
Doch ungebrochen Mittler
zwischen zwei Freunden.

Sie teilen mit ihm
Pilzpartner und Nährstoffe
lebenslang freundlich.

Getrennt verbunden.
Ein verbindlicher Hausfreund.
Ein wirklicher Freund.

Verletzungen der Bäume
– vier –

In fremdem Gewand.
Grüner Glitter aus Efeu.
Schön und störend. Eignes

eilig verhangen.
Eine verhängnisvolle
Blattmaskerade.

Sie schluckt Luft und Licht,
beengt den Stamm. Lockt aber
Vögel in Fülle.

Verletzungen der Bäume
– fünf –

Gebrochen und hohl.
Wie mancher Menschen Ende.
Ein neuer Anfang?

Verletzte Bäume.
Symbol von Vergänglichkeit
nach Jahrhunderten.

Doch aus dem Stamm sprießt
lebenslichthungriges Grün.
Die Fortsetzung folgt …

Charaktere der Bäume
– eins –

Aufwärts sich schlängelnd …
Abwärts hängende Zweiglein,
übriggeblieben.

Der strebsame Stamm
karrieristisch und kahl
trägt kaum noch ein Blatt.

Die kleine Krone
ziert nicht das Haupt des Genies,
ist nur Lohn der Angst.

Charaktere der Bäume
– zwei –

Gute Gesellschaft.
Ableger, Sträucher und Stamm.
Ein gutes Leben

in der Gemeinschaft.
Symbiotisch wurzelverschränkt,
nährstoffverbunden.

Kraft des Kollektivs,
das die Kleineren schützt und
auch den Großen stärkt?

"Alter Kirschbaum"

Charaktere der Bäume
– drei –

Die Schauspielerin
krönt das Geäst und sie fragt
von oben herab:

Warum Baum und Zweig?
Nicht die Bäumin? Die Zweigin?
Die Wurzel allein

hat Charakter und
widersteht dem machiösen
Leben der Bäume …

Charaktere der Bäume
– vier –

Gastfreundschaft für alle
ist sein oberstes Gebot.
Hunderte Vögel

fühlen sich zuhaus
in seinen Zweigen. Starten
hier Höhenflüge.

Viel höher als er.
Aber zur Rast kehren sie
zurück auf die Zweige.

Charaktere der Bäume
– fünf –

Geliehenes Grün.
Kussversprechende Büschel.
Er opfert sich gern

dem höheren Zweck,
der Liebe von anderen.
Aber die eigne

wirkliche Liebe,
die Liebe von Baum zu Baum
bleibt auf der Strecke.

Alter der Bäume
– eins –

Alt wie ein Baum, so
möchte ich werden, die Krone
feldüberspannend,

weltüberspannend.
Ygdrasil, die Weltesche.
Erbe Germaniens.

Weltkulturerbe.
Eine Alternative
für Deutschland.

Alter der Bäume
– zwei –

Der Stamm gespalten.
Dieser innere Zwiespalt
wächst sich niemals aus.

Lebensbegleitend.
Den wahren Kern kennt keiner.
Ein Sein zum Tode.

Mit zwei Gesichtern,
die sich einander gleichen
und doch nicht grün sind.

Alter der Bäume
– drei –

Verhaltener Sturz.
Im Vorwärtsfall wohlgeübt.
Das Wurzelwerk hält.

Ein greiser Alter.
Ein richtungweisender Greis.
Herrscher des Baumvolks.

Vorwärts, vorwärts, keucht
er bei aufkommendem Sturm.
Und hält sich am Leben.

Alter der Bäume
– *vier* –

Das sind Klatschbäume.
Schwatzen Jahrhunderte hin.
Waren auch einst jung

und im Umarmen
bei Monduntergang Meister.
Strahlende Helden …

Jetzt strahlt nur das Holz.
Tief vom Fäulnis zerfressen.
Gruslig für Menschen.

Alter der Bäume
– fünf –

Zwei Tode vereint.
Von Menschen und Bäumen. Noch
im Tode entzweit.

Dort das glatte Kreuz.
Dort der geschrundete Stamm.
Bilder des Todes.

Silhouette und Kreuz.
Bilder des Weiterlebens.
Hoffnung des Geistes …

John Erpenbeck

wurde am 29. April 1942 in Ufa (Baschkirien) als Kind der Schriftsteller Fritz Erpenbeck und Hedda Zinner geboren. 1945 kehrte die Familie nach Deutschland zurück, wo John Erpenbeck nach dem Abitur Physik studierte, später mit der Spezialisierung Biophysik, und 1965 sein Diplom erhielt. 1968 erfolgten Promotion und Tätigkeit als Experimentalphysiker am Institut für Biophysik der Akademie der Wissenschaften zu Berlin. Von 1971 bis Juli 1973 war er wissenschaftlicher Mitarbeiter im Ministerium für Wissenschaft und Technik, von August 1973 bis 1990 als wissenschaftlicher Mitarbeiter am Zentralinstitut für Philosophie der Akademie der Wissenschaften zu Berlin tätig. 1978 Habilitation zum Dr. sc. phil. und 1984 Ernennung zum Professor. Von 1991 bis 1995 war er im Forschungsschwerpunkt Wissenschaftsgeschichte und Wissenschaftstheorie der Förderungsgesellschaft wissenschaftliche Neuvorhaben mbH (Max-Planck-Gesellschaft) zu analogen Fragestellungen tätig, 1993/1994 als Research Professor am Center for Philosophy of Science, Pittsburgh, von 1995 bis 1998 Professor an der Universität Potsdam, Arbeitsgruppe Wissenschaftskommunikation. 1998 wurde er Senior Consultant, 2000 Bereichsleiter im Projekt Lernkultur Kompetenzentwicklung (ABWF/QUEM). Seit Juni 2007 ist Erpenbeck Professor an der

Steinbeis University, Berlin – School of International Business and Entrepreneurship (SIBE) Herrenberg. Zu seinen wichtigsten literarische Arbeiten zählen: »Formel Phantasie«, Gedichte (1972); »Alleingang«, Roman (1973); »Analyse einer Schuld«, Roman (1977); »Arten der Liebe«, Gedichte (1978); »Der blaue Turm«, Roman (1980); »Heillose Flucht«, Erzählung (1984); »Gruppentherapie«, Roman (1989); »Aufschwung«, Roman (1996, Taschenbuch 2000) u.v.m.

Günter Horn,

Jahrgang 1935, war nach seiner Lehre als Schiffsbauer als Schmied, Dekorateur und Werbemaler tätig. 1961–1969 arbeitete er als Theatermaler, unter anderem am Gorki-Theater und an der Volksbühne. Förderung erfährt Günter Horn von 1965–1967 durch Professor Otto Nagel. Seit 1969 ist Horn freischaffend und kann auf eine Vielzahl von Einzelausstellungen und Ausstellungsbeteiligungen im In- und Ausland verweisen. Seine Werke zählen zum Besitz des Kupferstichkabinetts Berlin, des Märkischen Museums Berlin, des Staatlichen Museums Schwerin (u.a.). 2002 erhielt Günter Horn den Kulturpreis des Landkreises Demmin.

2. Auflage

Martin Luther
iele Bücher machen nicht gelehrt

Lebensweisheiten

ISBN 978-3-941683-52-5, 9,95 Euro

Luthers Weisheiten über Gott und die Welt strotzen bis heute von Dreistigkeiten, Lebenslust und Tiefsinn. Und dabei macht das Werk des Kirchen-Reformators, Lehrers und Publizisten weder vor dem Papst noch vor dem Volk halt. Humorvoll und hintersinnig kritisierte er Maßlosigkeit, Müßiggang, Dummheit oder Ignoranz, pries das Leben, die Liebe und den Frohsinn.

2. Auflage

ISBN 978-3-941683-47-1, 9,95 Euro

Der scharfzüngige Fritz Reuter – Seele und Sprachrohr der Mecklenburger und wie kein anderer Schriftsteller identitätsstiftend – pflegte hingebungsvoll das »Plattdütsch« und versteckte dahinter geschickt so manchen Seitenhieb auf die zu seinen Lebzeiten herrschenden Verhältnisse. Und noch immer überrascht uns der Dichter mit heiter-satirischen wie bitterernsten Aussagen.

Editorische Notiz

Das Haiku ist eine sehr kurze, traditionelle japanische Gedichtform, die folgende Merkmale aufweist: drei Zeilen mit 5-7-5 Silben, konzentrierte Aussage, knappe Wortwahl; nach japanischer Tradition ist es ein Naturgedicht.

Literatur

Peter Wackel: Alt wie ein Baum. Songtext der Puhdys, 1976.
Peter Wohlleben: Das geheime Leben der Bäume.
Ludwig Buchverlag, München 2015.

Impressum

Die Deutsche Nationalbibliothek verzeichnet diese Publikation in der Deutschen Nationalbibliografie – detaillierte bibliografische Daten sind im Internet abrufbar unter http://dnb.d-nb.de

1. Auflage 2018
© Steffen Verlag GmbH
Berliner Allee 38 | 13088 Berlin | Tel. (030) 41 93 50 14
info@steffen-verlag.de | www.steffen-verlag.de

Herstellung Steffen Media | Friedland – Berlin – Usedom
www.steffen-media.de
ISBN 978-3-95799-065-5